Antología poética

R. S. THOMAS

Antología poética

Prólogo y traducción de Misael Ruiz Albarracín

EDICIONES TREA

Esta obra ha sido publicada con una subvención del
Llenyddiaeth Cymru Dramor / Welsh Literature Abroad

Welsh Literature Abroad
Llenyddiaeth Cymru Dramor

TREA POESÍA, 25

Primera edición: septiembre del 2008

Ediciones Trea, S. L.
María González la Pondala, 98, nave D
33393 Somonte-Cenero. Gijón (Asturias)
Tel.: 985 303 801. Fax: 985 303 712
trea@trea.es | www.trea.es

Dirección editorial: Álvaro Díaz Huici
Coordinación editorial: Pablo García Guerrero
Producción: José Antonio Martín
Cubierta: Marina Lobo
Dibujo de colofón: Javier del Río
Impresión: Gráficas Ápel
Encuadernación: Encuadernaciones Cimadevilla

Depósito legal: As. 2275-2008
ISBN: 978-84-9704-381-6

Impreso en España – *Printed in Spain*

Índice

Los laboratorios del espíritu de R. S. Thomas

Misael Ruiz Albarracín

Ronald Stuart Thomas (1913-2000) es la figura más importante de la poesía galesa escrita en inglés de la segunda mitad del siglo XX. Su obra poética comienza con *The Stones of the Field* (1946) y termina, cincuenta años más tarde, con *No Truce with the Furies* (1995). En *Collected Poems, 1945-90* reunió aproximadamente la mitad de su obra poética, pero no existe hasta la fecha ninguna edición completa de la misma. A sus otros libros se ha sumado recientemente *Residues* (2000), donde Wynn Thomas recoge una selección de poemas que quedaron inéditos en vida del autor. Su reconocimiento fue lento. El propio T. S. Eliot leyó sus poemas y le contestó enigmáticamente que, aunque Faber & Faber no iba a publicar su obra, esperaba que otros lo hicieran. En 1983, con la reedición de *Selected Poems, 1946-68,* en la editorial Bloodaxe, su poesía comienza a ser más conocida y, en 1996, es nominado para el Premio Nobel de Literatura.

R. S. Thomas empezó escribiendo poemas austeros sobre la vida rural del país de Gales, donde nació y fue pastor de la Iglesia anglicana, pero, a partir de los años setenta, su lenguaje se volvió más introspectivo y filosófico, preocupado por la naturaleza de Dios y su relación con los hombres. Esta segunda época, que se inicia con libros como *H'm* (1972), *Laboratories of the Spirit* (1975) y *Frequencies* (1978), introduce en su obra una dimensión metafísica que le aleja aún más del realismo irónico, conversacional y suburbano de los poetas asociados al grupo The Movement, como Philip Larkin.

En su primera época, R. S. Thomas reacciona ante las condiciones de vida de los campesinos galeses. Su experiencia como pastor en pequeñas comunidades rurales alimenta un sentimiento nacionalista lleno de contradicciones. En *The Man Who Went into the West* (2006), su biógrafo Byron Rogers desvela el profundo disgusto que sentía por los círculos ingleses que, sin embargo, le eran más afines culturalmente: hablaba inglés con el acento característico de la clase alta, «como Alec Guinness leyendo al último Eliot». Este sentimiento convivía en él con su inadaptación juvenil a la sociedad gaélica, así como con el posterior rechazo que le provocaría el embrutecimiento del mundo rural.

Sus poemas dan voz a sentimientos encontrados. En ellos se irrita y se compadece a un mismo tiempo de los campesinos, describe sin complacencia la actitud adocenada de sus feligreses y, en conjunto, ofrece un retrato desolador del medio que reivindica. Basta con leer «Muerte de un campesino» («Murió, ya sabes, de cara a la pared, como es costumbre / entre los campesinos pobres») para comprobar lo lejos que está de la visión exaltada de la naturaleza y de los hombres sencillos heredada del romanticismo. R. S. Thomas ha alimentado durante veinte años y 18 poemas (dos de ellos están incluidos en esta antología) la figura de Iago Prytherch. Este personaje, fruto de su fracaso por hallar un héroe rural, es un campesino incapaz de oponerse a su destino —«hay algo que asusta en la vacuidad de su mente»—, pero que, a pesar de todo, resiste frente al asedio de la lluvia y del viento como una fortaleza inexpugnable. También él, afirma Thomas en uno de los poemas que le dedica, es un «vencedor en la batalla».

Atrae, asombra o repele al lector la sostenida indignación de Thomas frente al mundo que va descubriendo. Aunque parte de la teoría poética de Wordsworth, según la cual la naturaleza y quienes viven en contacto con ella son los depositarios de la inspiración poética, su experiencia personal desmiente esa supuesta armonía. Está enamorado de una tierra ideal —«la verdadera Gales de mi imaginación»— que no concuerda con la que halla en las granjas y los páramos de Manafon, Eglwys-fach o Aberdaron.

***

Su cambio de rumbo poético coincidirá sintomáticamente con el momento en que, con suficiente dominio de una lengua que aprendió ya de adulto, y en la que escribirá su autobiografía *Neb* (en inglés, *nobody*; es decir, «nadie»), logra al fin vivir inmerso en uno de los últimos bastiones de la cultura gaélica, en la península de Lleyn, frente a la isla de Bardsey. Thomas, que estaba casado con una pintora inglesa que no hablaba gaélico y que había enviado a su único hijo a estudiar a una escuela en Inglaterra, deja en ese momento de escribir poemas sobre Gales y sus habitantes. Es también entonces cuando, libre de sus responsabilidades como pastor de la Iglesia anglicana, inicia su activismo político en defensa del patrimonio cultural de su país.

Thomas es consciente del cambio que se produce en su poesía y así lo refleja uno de sus poemas: «No rezo como en los viejos tiempos, / Dios. Mi vida no es lo que era». Alejado de los dialectos poéticos de la época, no puede adscribírsele a movimiento o programa estético alguno. En su opinión, a los poetas siempre les ha sido más fácil desarrollar teorías sobre el lenguaje poético que aplicarlas; para ilustrarlo, pone como ejemplo el tono elevado de la obra de Wordsworth, que, como ya advirtiera Coleridge en la *Biographia Literaria*, contradice su teoría poética sobre el lenguaje común. La heterodoxia y falta de complacencia de Thomas produce combinaciones léxicas inusuales en la poesía inglesa contemporánea. La peculiar conjunción de temas y formas que da cuerpo a sus poemas no responde a una tendencia de época, sino que nace de un punto de vista propio en el que radica su condición de poeta.

En esta segunda etapa de su obra, Thomas incorpora al realismo áspero de sus primeros poemas un anhelo de trascendencia que nunca se ve satisfecho. Rehúye todo subjetivismo: no busca una respuesta individual a sus preguntas, sino que desea hacerla extensiva a todos los hombres. Eso explica que la voz que habla en sus poemas sea con frecuencia la de un yo colectivo de resonancias proféticas que oscila entre el documento y la metafísica. Sus crudas descripciones del mundo sometido a la técnica se quiebran con frecuencia en un giro lingüístico, y mental, que las transforma en duda o inquisición a un Dios ausente. Con todo, su poesía no resulta ajena al lector agnóstico, debido al carácter esquivo del Dios que el poeta busca y no encuentra. Su indagación tenaz quiere ante todo hallar sentido a su experiencia personal y compartida del mundo. En su caso, como en el de Unamuno, la fe —«una tabla / en alta mar, tendida sobre setenta mil / brazas»— se alimenta de duda.

La tecnología, que en el poema queda necesariamente reducida a su expresión lingüística, es una manifestación más de la soberbia de los hombres —no muy distinta de la *hybris* griega— que creen poder escapar de ese modo a su destino. ¿De qué servirían unos poemas que no fuesen de interés para el hombre del siglo de la ciencia y la tecnología?, ¿de qué «la serenidad del / arte sin los ángeles / junto a las puertas ardiendo, cuya espada / es el tiempo y nuestra incómoda conciencia»? Ya no es posible el retorno al edén. Hemos despertado a la «geometría adulta de la mente» y nos dirigimos irremediablemente a una «alta ciudad / de cristal que es el laboratorio del espíritu».

En vez de ofrecernos un Dios conocido y bondadoso en el que buscar refugio, R. S. Thomas nos conduce a un lugar extremo e irracional más allá del lenguaje. En sus palabras resuenan las de Job: «no reprimiré yo mi boca, hablaré en la angustia de mi espíritu, me quejaré en la amargura de mi alma». Como él, interpela incansablemente a Dios sobre las contradicciones de su creación, a pesar de que sus quejas quedan sin respuesta o provocan en este una risa atronadora. A la postre, los hombres serán azotados y sus huesos dislocados por el silencio de un Dios —o una verdad— que está más allá del bien y del mal; pero, por debajo del carácter agónico de su diálogo, aflora una veta de ironía ácida respecto a la criatura humana, cuyos miembros componen, en su personal versión de la creación, «una pregunta / obscena» y de cuyos ojos salen «lágrimas de pus».

El tono de su poesía —la tensión entre las palabras y el sentido que hace que el poema se mantenga en pie— parece emanar directamente del Antiguo Testamento. Al igual que en la historia de Jacob, Thomas no duda en luchar físicamente con Dios y en enfrentarlo al mundo de la ciencia y de la técnica, la «máquina autosuficiente / de sangre y heces» creada por él mismo. En sus oraciones, más o menos enmascaradas, asistimos una y otra vez al diálogo de una conciencia que no da nunca alcance a su sentido. En ocasiones, quiere extraérselo al dolor; en otras, sabiendo que «no hay remedio para el fracaso / del lenguaje», hace del silencio una respuesta.

***

La afición de R. S. Thomas a la ornitología (pasaba largas temporadas en las reservas de aves de las islas de Ramsey y Bardsey, frente a la península de Lleyn, su última residencia) explica la naturalidad con la que estas aparecen en sus poemas, siempre próximas a una inminente revelación: ya se trate de un petirrojo que esconde en su debilidad, al igual que Cristo, una afilada canción; de un aguilucho cerniéndose sobre un páramo —«ahora aquí, ahora / ya no, como mi fe en Dios»— o de esas aves difíciles de ver que, en el poema «Contemplando el mar», solo vienen «en momentos en que / no estamos allí». Aluden a una ausencia que, en sus propias palabras, es «como una presencia» solo revelada en el vacío y en «la oscuridad / entre las estrellas». Uno de los modos de abordar esa ausencia, uno de los temas subyacentes en toda su obra, es la «vía negativa» que, de acuerdo con la *Teología mística* del Pseudo Dioniso, consiste en negar progresivamente de Dios todos los atributos y las cualidades de las criaturas hasta alcanzar la oscuridad de lo desconocido, del no saber o, en el poema homónimo de Thomas, «la gran ausencia / en nuestras vidas, el vacío silencio / interior». A pesar de ello, al enfrentarse en uno de sus últimos poemas, «Geriatric», a la vejez y la enfermedad —«las flores muertas» cuyos nombres son Charcot, Ménière, Alzheimer—, Thomas no puede evitar ironizar sobre Rabbi Ben Ezra, para quien «la vida triunfa allí donde parece que fracasa».[1]

La presencia simultánea de lo terrible y lo hermoso, una coincidencia de opuestos en la que parece residir el tuétano y el límite en donde el poeta espera hallar la naturaleza última del universo, es otra de sus caracterizaciones de Dios. Así sucede con ese tigre blanco que un día le fascinara en el zoológico de Bristol y que reaparece en uno de sus poemas como un trasunto de Dios encerrado en una jaula, «atormentado / por inmensidades que no volverán». Igualmente reveladora es la proximidad en la que el poeta galés sitúa, por un lado, la contemplación y la plegaria —«no distinguía / ya, tan despojada mi mente / tras su largo ayuno, / la contemplación de la plegaria»— y, por otro, la plegaria y el amor: «el trabajo nocturno / de amar y orar». En otro de sus poemas, «Preguntas», la amante y el cura se confunden —«copulando espiritualmente / con un no-cuerpo»— antes de desaparecer en el sueño de la vigilia. Para Thomas, «rezar de verdad es no decir nada».

Hay un poema, titulado «Bien», en el que la contemplación de un paisaje en la proximidad de la muerte —«la sombra bajo las grandes ramas / de la vida»— parece resolver todas las contradicciones. El lector se halla inesperadamente

---

[1] Según refiere Robert Browning en *Dramatis Personae* (1864) del filósofo judío de Tudela, Abraham Ibn Ezra (1092-1167).

al borde de una tranquila revelación; y, entonces, en la última línea, una «oscura sonrisa» empaña los labios de la joven esposa. Toda la poesía de Thomas es una búsqueda infructuosa: «Morimos, morimos / sabiendo que resistes infinitamente / en la frontera del gran poema».

***

Quisiera llamar también la atención sobre una línea temática de interés que ha quedado dispersa y oculta entre las preocupaciones metafísicas y rurales de la poesía de R. S. Thomas. Se trata de los poemas que, de manera más o menos explícita, fue escribiendo sobre su relación con Elsie, su primera mujer. Delicados, a caballo entre la amargura y la distancia, mantienen un difícil equilibrio entre sentimiento y forma. Presentan características únicas dentro de la producción poética de Thomas y, si se leen aisladamente, forman un conjunto coherente y emotivo que desmiente la aspereza habitual de su poesía. No en vano se han comparado con los que escribiera Thomas Hardy, en 1912-1913, después de la muerte de su mujer. La presente antología recoge cuatro de estos poemas, en los que explora su relación sentimental: «Intercambio», «Matrimonio», «Comparaciones» y «Juntos».

Con el paso del tiempo, el estilo de R. S. Thomas se volvió cada vez menos descriptivo, en un proceso inextricablemente ligado a su pensamiento poético. Su creciente abstracción se ve compensada, no obstante, por la paradoja y el salto brusco a la expresión idiomática o coloquial. El encabalgamiento es uno de los rasgos formales más característicos de toda su obra. Algunos poetas afines a The Movement, como

John Wain o Donald Davie, le acusaron de falta de ritmo y de forma, pero el uso que hace en sus mejores poemas de la disparidad entre ritmo fónico y sintáctico es consecuencia directa de su pensamiento y sentimiento poéticos. En su poesía importa por encima de todo la peculiar tensión intelectual y emocional generada entre los recursos verbales —encabalgamientos bruscos, versos breves e inestables, palabras monosílabas y desconcertantes saltos de registros— y su apasionada y obstinada voluntad de creer en algo que dé sentido al dolor y la muerte.

***

La presente antología recoge, en la medida en que lo permite su extensión, los temas principales de la obra de Thomas. Con todo, incluye más poemas de su última época, que era también la preferida por Thomas.

En esta traducción he procurado conservar el tono desgarrado y áspero de su poesía. No he querido limar sus encabalgamientos ni suavizar el léxico. No se puede dar cuenta en español, pobre en monosílabos, del uso que R. S. Thomas hace de ellos; en este, y en otros casos, he buscado mecanismos propios de nuestra lengua para producir en el lector efectos parecidos, pero nunca idénticos, a los del poema original. Traducir es, sobre todo, interpretar. Resaltamos unos rasgos de la obra en detrimento de otros, que dejamos a la sombra. Con todo, como ha señalado Gadamer, «el traductor tiene que mantener a la vez el derecho de la lengua a la que traduce y, sin embargo, dejar valer en sí lo extraño e incluso adverso del texto y su expresión». Espero que esta versión de la poesía de R. S. Thomas logre despertar al menos parte de la emoción estética que hubiese procurado su lectura en la lengua original.

***

Solo queda expresar mi agradecimiento a quienes me han acompañado a lo largo de esta traducción. A Santiago Sanz debo el haberme dado a conocer la poesía de R .S. Thomas. Él y Felipe Ruiz Ayuso revisaron atentamente mis primeras versiones y, con sus comentarios y sugerencias, contribuyeron a mejorarlas notablemente. Quiero agradecer igualmente la colaboración de Gema Sanz y John Critchley, que me han aclarado más de una duda, y, de un modo muy especial, la de Eva Cervantes. Por otro lado, este libro no existiría sin el estímulo y el decidido apoyo de Juan Pablo Roa y Roberta Raffetto, que publicaron en la revista de poesía *Animal Sospechoso* una primera selección de estos mismos poemas.

Poemas

The Stones of the Field (1946)

A Peasant

Iago Prytherch his name, though, be it allowed,
Just an ordinary man of the bald Welsh hills,
Who pens a few sheep in a gap of cloud.
Docking mangels, chipping the green skin
From the yellow bones with a half-witted grin
Of satisfaction, or churning the crude earth
To a stiff sea of clouds that glint in the wind –
So are his days spent, his spittled mirth
Rarer than the sun that cracks the cheeks
Of the gaunt sky perhaps once in a week.
And then at night see him fixed in his chair
Motionless, except when he leans to gob in the fire.
There is something frightening in the vacancy of his mind.
His clothes, sour with years of sweat
And animal contact, shock the refined,
But affected, sense with their stark naturalness.
Yet this is your prototype, who, season by season
Against siege of rain and the wind's attrition,
Preserves his stock, an impregnable fortress
Not to be stormed even in death's confusion.
Remember him, then, for he, too, is a winner of wars,
Enduring like a tree under the curious stars.

The Stones of the Field (1946)

Un campesino

De nombre, Iago Pryterch, aunque, a decir verdad,
no es más que un hombre cualquiera de las peladas colinas de Gales
que cuida de unas pocas ovejas en un desfiladero de nubes,
corta remolachas, arranca la piel verdosa
de los huesos amarillos con una sonrisa idiota
de satisfacción o remueve la dura tierra
bajo un espeso mar de nubes que destellan al viento:
así pasa sus días, su babeante alegría
más escasa que el sol que hiende las mejillas
del cielo lúgubre, si acaso una vez por semana.
Obsérvale luego, de noche, clavado en su silla,
inmóvil excepto cuando se inclina para escupir en el fuego.
Hay algo que asusta en la vacuidad de su mente.
Años de sudor y el contacto con los animales
hacen que su ropa despida con absoluta naturalidad
un olor acre que ofende al refinado, pero afectado, olfato.
Aun así ese es el prototipo que, estación tras estación,
frente al asedio de la lluvia y el desgaste del viento,
conserva su rebaño; una fortaleza inexpugnable
incluso en la confusión de la muerte.
Recordadle, pues él es también un vencedor en la batalla.
Resiste como un árbol bajo la curiosidad de las estrellas.

An Acre of Land (1952)

Death of a peasant

You remember Davies? He died, you know,
With his face to the wall, as the manner is
Of the poor peasant in his stone croft
On the Welsh hills. I recall the room
Under the slates, and the smirched snow
Of the wide bed in which he lay,
Lonely as an ewe that is sick to lamb
In the hard weather of mid-March.
I remember also the trapped wind
Tearing the curtains, and the wild light's
Frequent hysteria upon the floor,
The bare floor without a rug
Or mat to soften the loud tread
Of neighbours crossing the uneasy boards
To peer at Davies with gruff words
Of meaningless comfort, before they turned
Heartless away from the stale smell
Of death in league with those dank walls.

An Acre of Land (1952)

Muerte de un campesino

¿Te acuerdas de Davies? Murió, ya sabes,
de cara a la pared, como es costumbre
entre los campesinos pobres, en sus granjas de piedra
en las colinas de Gales. Recuerdo las tejas
de pizarra sobre su cuarto y la nieve sucia
de la espaciosa cama donde yacía,
solo como una oveja de parto
bajo el inhóspito cielo de marzo.
Recuerdo también el viento atrapado
entre las cortinas, desgarrándolas, y una luz
de tormenta recorriendo histérica el suelo,
el suelo desnudo, sin un felpudo
o una estera que suavizase las fuertes pisadas
de los vecinos sobre las tablas sueltas,
cuando se acercaban a mirarle con palabras
de consuelo toscas y vanas o cuando se alejaban
implacables del rancio olor a muerte
confabulado con la humedad de las paredes.

Welsh Landscape

To live in Wales is to be conscious
At dusk of the spilled blood
That went to the making of the wild sky,
Dyeing the immaculate rivers
In all their courses.
It is to be aware,
Above the noisy tractor
And hum of the machine
Of strife in the strung woods,
Vibrant with sped arrows.
You cannot live in the present,
At least not in Wales.
There is the language for instance,
The soft consonants
Strange to the ear.
There are cries in the dark at night
As owls answer the moon,
And thick ambush of shadows,
Hushed at the fields' corners.
There is no present in Wales,
And no future;
There is only the past,
Brittle with relics,
Wind-bitten towers and castles
With sham ghosts;
Mouldering quarries and mines;

Paisaje galés

Vivir en Gales es ser consciente,
al atardecer, de la sangre vertida
para crear el cielo agreste
y teñir el curso inmaculado
de todos sus ríos.
Es ser consciente,
por encima del ruidoso tractor
y del zumbido de la máquina,
de combates en los bosques tensos
de vibrantes y veloces flechas.
No puedes vivir en el presente,
al menos en Gales.
Está la lengua, por ejemplo,
las suaves consonantes
extrañas al oído.
Hay gritos en la oscuridad de la noche,
cuando los búhos contestan a la luna,
y emboscadas de tupidas sombras
al fondo silencioso de los campos.
No hay presente en Gales,
ni futuro;
solo existe el pasado
quebradizo de reliquias,
torres y castillos desgastados por el viento
habitados por falsos fantasmas;
minas y canteras desmoronándose;

And an impotent people,
Sick with inbreeding,
Worrying the carcase of an old song.

y un pueblo impotente,
enfermo de endogamia,
sacudiendo el cadáver de una vieja canción.

Poetry for Supper (1958)

Iago Prytherch

Iago Prytherch, forgive my naming you.
You are so far in your small fields
From the world's eye, sharpening your blade
On a cloud's edge, no one will tell you
How I made fun of you, or pitied either
Your long soliloquies, crouched at your slow
And patient surgery under the faint
November rays of the sun's lamp.

Made fun of you? That was their graceless
Accusation, because I took
Your rags for theme, because I showed them
Your thought's bareness; science and art,
The mind's furniture, having no chance
To install themselves, because of the great
Draught of nature sweeping the skull.

Fun? Pity? No word can describe
My true feelings. I passed and saw you
Labouring there, your dark figure
Marring the simple geometry
Of the square fields with its gaunt question.
My poems were made in its long shadow
Falling coldly across the page.

Poetry for Supper (1958)

Iago Prytherch

Iago Prytherch, perdona que te haya nombrado.
Estás en tus pequeños campos, tan lejos
del ojo del mundo, afilando el arado
en el filo de una nube, que nadie te contará
cómo me reí de ti, o me apiadé
de tus largos soliloquios, mientras te afanabas
de cuclillas en tu lenta y paciente cirugía
bajo los débiles rayos de la lámpara del sol de noviembre.

¿Reírme de ti? Esa fue su grosera
acusación, porque hice de tus harapos
mi tema, porque les mostré
tus pensamientos desnudos; ciencia y arte,
los muebles de la mente, incapaces
de instalarse en ella, son arrastrados de tu cráneo
por la gran corriente de la naturaleza.

¿Burla?¿Piedad? Ninguna palabra puede describir
mis verdaderos sentimientos. Pasé y te vi
trabajando; tu oscura figura
deformaba con una adusta pregunta
la simple geometría de los campos cuadrados.
Mis poemas se hicieron a su alargada sombra
cayendo fríamente sobre la página.

Pietà (1966)

Exchange

She goes out.
I stay in.
Now we have been
So long together
There's no need
To share silence;
The old bed
Remains made
For two; spirits
Mate apart
From the sad flesh,
Growing thinner
On time's diet
Of bile and gall.

Pietà (1966)

Intercambio

Ella sale.
Yo me quedo.
Llevamos ya
tanto tiempo juntos
que no es necesario
compartir el silencio.
La vieja cama
sigue hecha
para dos: los espíritus
se acoplan lejos
de la carne triste;
adelgazan
con el tiempo y su dieta
de bilis y de hiel.

Service

We stand looking at
Each other. I take the word 'prayer'
And present it to them. I wait idly,
Wondering what their lips will
Make of it. But they hand back
Such presents. I am left alone
With no echoes to the amen
I dreamed of. I am saved by music
From the emptiness of this place
Of despair. As the melody rises
From nothing, their mouths take up the tune,
And the roof listens. I call on God
In the after silence, and my shadow
Wrestles with him upon a wall
Of plaster, that has all the nation's
Hardness in it. They see me thrown
Without movement of their oblique eyes.

El servicio

Estamos de pie, mirándonos
los unos a los otros. Tomo la palabra «oración»
y se la ofrezco. Espero inútilmente
y me pregunto qué harán con ella
sus labios. Pero me devuelven
el regalo. Me quedo solo,
sin el eco al amén con el que había
soñado. La música me salva
del vacío de este lugar
de desesperación. La melodía se eleva
de la nada y sus bocas entonan la canción;
el techo escucha. Cuando se hace el silencio
apelo a Dios, y mi sombra
lucha con él en una pared
de yeso, tan dura como toda
la nación. Ven cómo soy derribado
sin mover sus ojos oblicuos.

Not That He Brought Flowers (1968)

Kneeling

Moments of great calm,
Kneeling before an altar
Of wood in a stone church
In summer, waiting for the God
To speak; the air a staircase
For silence; the sun's light
Ringing me, as though I acted
A great rôle. And the audiences
Still; all that close throng
Of spirits waiting, as I,
For the message.
                                        Prompt me, God;
But not yet. When I speak,
Though it be you who speak
Through me, something is lost.
The meaning is in the waiting.

Not That He Brought Flowers (1968)

Arrodillado

Momentos de gran calma,
arrodillado frente al altar
de madera de una iglesia de piedra,
en verano, esperando a que Dios
hable; el aire es una escalera
para el silencio; la luz del sol
me ilumina, como si yo fuese
el protagonista. Y la audiencia,
callada; una muchedumbre de espíritus
apiñados que esperan, como yo,
el mensaje.
Inspírame, Dios,
pero aún no; cuando hablo,
aunque seas tú quien habla
por mi boca, algo se pierde.
El sentido está en la espera.

Burgos

Nightingales crackled in the frost
At Burgos. The day dawned fiercely
On the parched land, on the fields to the east
Of the city, bitter with sage
And thistle. Lonely bells called
From the villages; no one answered
Them but the sad priests, fingering
Their beads, praying for the lost people
Of the soil. Everywhere were the slow
Donkeys, carrying silent men
To the mesa to reap their bundles
Of dried grass. In the air an eagle
Circled, shadowless as the God
Who made that country and drinks its blood.

Burgos

En Burgos los ruiseñores crepitaban
en la escarcha. Amanecía violentamente
sobre la tierra reseca, en los campos amargos
de salvia y cardos al este
de la ciudad. En los pueblos tañían
solitarias las campanas; no respondía nadie
salvo curas tristes que rezaban
el rosario por los perdidos habitantes
de aquella tierra. Por todas partes, avanzaban lentamente
hacia la meseta los burros cargados
de hombres silenciosos que iban a cosechar
haces de hierba seca. Sobrevolaba
un águila, sin sombra, como el Dios
que hizo este país y bebe su sangre.

H'M (1972)

Petition

And I standing in the shade
Have seen it a thousand times
Happen: first theft, then murder;
Rape; the rueful acts
Of the blind hand. I have said
New prayers, or said the old
In a new way. Seeking the poem
In the pain, I have learned
Silence is best, paying for it
With my conscience. I am eyes
Merely, witnessing virtue's
Defeat; seeing the young born
Fair, knowing the cancer
Awaits them. One thing I have asked
Of the disposer of the issues
Of life: that truth should defer
To beauty. It was not granted.

H'M (1972)

Ruego

Desde la sombra,
he visto cómo sucedía
mil veces: primero roban, después matan;
violan; los tristes actos
de la mano ciega. He rezado
nuevas oraciones, o las antiguas
de otro modo. Buscando el poema
en el dolor, he aprendido
que es mejor el silencio, y he pagado
por ello con mi conciencia. Soy solo
unos ojos, testigos de la derrota
de la virtud, que cuando ven nacer a los jóvenes
hermosos saben que el cáncer
los espera. Una sola cosa he pedido
al que dispone los asuntos
de la vida: que la verdad ceda ante
la belleza. No ha sido concedido.

Song

I choose white, but with
Red on it, like the snow
In winter with its few
Holly berries and the one

Robin, that is a fire
To warm by and like Christ
Comes to us in his weakness,
But with a sharp song.

Canción

Elijo blanco, pero
con manchas rojas, como en invierno
sobre la nieve unas pocas
bayas de acebo y el único

petirrojo, que es un fuego
en el que calentarnos y que, como Cristo,
viene a nosotros débil,
mas con una afilada canción.

Via Negativa

Why no! I never thought other than
That God is that great absence
In our lives, the empty silence
Within, the place where we go
Seeking, not in hope to
Arrive or find. He keeps the interstices
In our knowledge, the darkness
Between stars. His are the echoes
We follow, the footprints he has just
Left. We put our hands in
His side hoping to find
It warm. We look at people
And places as though he had looked
At them, too; but miss the reflection.

Vía negativa

¡No! Nunca he dejado de pensar
que Dios es la gran ausencia
en nuestras vidas, el vacío silencio
interior, el lugar adonde vamos
buscando, sin esperanza de
llegar o encontrar. Ocupa los intersticios
de nuestro conocimiento, la oscuridad
entre las estrellas. Suyos son los ecos
que seguimos, las huellas que acaba
de dejar. Colocamos las manos en
su costado con la esperanza de hallarlo aún
caliente. Miramos a personas y lugares
como si él también los hubiese
mirado; mas no hallamos su reflejo.

Laboratories of the Spirit (1975)

Emerging

Not as in the old days I pray,
God. My life is not what it was.
Yours, too, accepts the presence of
the machine? Once I would have asked
healing. I go now to be doctored,
to drink sinlessly of the blood
of my brother, to lend my flesh
as manuscript of the great poem
of the scalpel. I would have knelt
long, wrestling with you, wearing
you down. Hear my prayer, Lord, hear
my prayer. As though you were deaf, myriads
of mortals have kept up their shrill
cry, explaining your silence by
their unfitness.
                                It begins to appear
this is not what prayer is about.
It is the annihilation of difference,
the consciousness of myself in you,
of you in me; the emerging
from the adolescence of nature
into the adult geometry
of the mind. I begin to recognise

Laboratories of the Spirit (1975)

El despertar

No rezo como en los viejos tiempos,
Dios. Mi vida no es lo que era.
¿También la tuya acepta la presencia de
la máquina? Antes habría pedido
la curación. Ahora voy al médico,
a beber, libre de pecado, la sangre
de mi hermano, a prestar mi carne
como manuscrito para el gran poema
del escalpelo. Me habría arrodillado largo
tiempo, luchando contigo hasta agotarte.
Escucha mi plegaria, Señor, escucha
mi plegaria. Miríadas de mortales han
alzado sus gritos agudos, como si fueses
sordo, y atribuyen tu silencio
a su incompetencia.
                                        Parece, sin embargo,
que rezar es otra cosa.
Es la aniquilación de la diferencia,
la conciencia de mí mismo en ti,
de ti en mí; despertar
de la adolescencia de la naturaleza
a la geometría adulta
de la mente. Comienzo a reconocerte

you anew, God of form and number.
There are questions we are the solution
to, others whose echoes we must expand
to contain. Circular as our way
is, it leads not back to the snake-haunted
garden, but onward to the tall city
of glass that is the laboratory of the spirit.

de nuevo, Dios de la forma y el número.
Hay preguntas de las que somos la respuesta,
otras cuyos ecos debemos prolongar
para contenerlas. Nuestro camino gira en
círculos, mas no nos devuelve al jardín donde habita
la serpiente, sino, más allá, a la alta ciudad
de cristal que es el laboratorio del espíritu.

The Hand

It was a hand. God looked at it
and looked away. There was a coldness
about his heart, as though the hand
clasped it. As at the end
of a dark tunnel, he saw cities
the hand would build, engines
that it would raze them with. His sight
dimmed. Tempted to undo the joints
of the fingers, he picked it up.
But the hand wrestled with him. 'Tell
me your name', it cried, 'and I will write it
in bright gold, are there not deeds
to be done, children to make, poems
to be written? The world
is without meaning, awaiting
my coming'. But God, feeling the nails
in his side, the unnerving warmth
of the contact, fought on in
silence, this was the long war with himself
always foreseen, the question not
to be answered. What is the hand
for? The immaculate conception
preceding the delivery
of the first tool? 'I let you go',
he said, 'but without blessing.
Messenger to the mixed things
of your making, tell them I am'.

La mano

Era una mano. Dios la miró
y apartó la mirada. Sintió frío
en el corazón, como si la mano
lo estrechase. Vio, al final
de un oscuro túnel, ciudades
que la mano construiría, máquinas
con las que las arrasaría. La visión
se oscureció. Tomó la mano, tentado
de deshacer las articulaciones de los dedos.
Pero la mano luchó con él. «Dime
tu nombre» —gritó—, y lo escribiré
con letras de oro. ¿No quedan hazañas
por hacer, niños que engendrar,
poemas que escribir? El mundo
no tiene sentido y espera
mi llegada.» Pero Dios, sintiendo las uñas
en el costado, su desconcertante y cálido
contacto, siguió luchando
en silencio. Era la larga guerra consigo mismo
que siempre había previsto, la pregunta
sin respuesta. ¿Para qué sirve
la mano? ¿La inmaculada concepción
anterior a la entrega
de la primera herramienta? «Puedes irte,
—dijo—, pero sin mi bendición.
Mensajero de las distintas cosas
que tú mismo haces, diles que soy.»

Amen

It was all arranged:
the virgin with child, the birth
in Bethlehem, the arid journey uphill
to Jerusalem. The prophets foretold
it, the scriptures conditioned him
to accept it. Judas went to his work
with his sour kiss; what else
could he do?
                    A wise old age,
the honours awarded for lasting,
are not for a saviour. He had
to be killed ; salvation acquired
by an increased guilt. The tree.
with its roots in the mind's dark,
was divinely planted, the original fork
in existence. There is no meaning in life,
unless men can be found to reject
love. God needs his martyrdom.
The mild eyes stare from the Cross
in perverse triumph, what does he care
that the people's offerings are so small?

Amén

Todo estaba dispuesto:
la virgen y el niño, el nacimiento
en Belén, la árida ascensión
a Jerusalén. Los profetas lo habían
anunciado, las escrituras le convencieron
de que así sería. Judas cumplió con su deber
y dio su beso amargo: ¿qué otra cosa
podía hacer?
La sabia vejez,
los honores que se otorgan a quien dura,
no son para un salvador. Tenían que
matarle; le salvaría
una culpa aún mayor. El árbol,
enraizado en la oscuridad de la mente,
fue plantado por Dios, la horquilla original
de la existencia. La vida no tiene sentido,
a menos que los hombres rechacen
el amor. Dios necesita su martirio.
Los ojos mansos miran desde la Cruz
con perverso triunfo. ¿Qué le importa a él
que las ofrendas de los hombres sean tan exiguas?

God's Story

A thousand years went by.
The Buddha sat under the Bo tree
rhyming. God burned in the sky

as of old. The family waited
for him who would not come back
any more. Who is my father

and mother? God fingered the hole
in his side, where the green tree
came from. The desert gave up

its saints. The Pope's ring was deadly
as a snake's kiss. Art and poetry
drank of that slow poison. God,

looking into a dry chalice,
felt the cold touch of the machine
on his hand, leading him

to a steel altar. 'Where are you?'
he called, seeking himself among
the dumb cogs and tireless camshafts.

Relato de Dios

Pasaron mil años.
Buda se sentó a componer
bajo la higuera sagrada. Dios ardió

en el cielo, de viejo. Su familia
esperó a quien no regresaría
nunca. ¿Quiénes son mi padre

y mi madre? Dios tocó la hendidura
en su costado, de donde había crecido
el árbol verde. El desierto abandonó

a sus santos. El anillo del papa era mortal
como el beso de una serpiente; el arte y la poesía
bebieron de su lento veneno. Dios

miró dentro de un cáliz seco
y sintió el frío de la máquina
en su mano, que le guió

hasta un altar de acero: «¿Dónde estás?»,
gritó, buscándose a sí mismo en el mudo
engranaje y en los incansables árboles de levas.

The prayer

He kneeled down
dismissing his orisons
as inappropriate; one by one
they came to his lips and were swallowed
but without bile.
He fell back
on an old prayer: Teach me to know
what to pray for. He
listened; after the weather of
his asking, no still, small
voice, only the parade
of ghosts, casualties
of his past intercessions. He
held out his hands, cupped
as though to receive blood, leaking
from life's side. They
remained dry, as his mouth
did. But the prayer formed:
Deliver me from the long drought
of the mind. Let leaves
from the deciduous Cross
fall on us, washing
us clean, turning our autumn
to gold by the affluence of their fountain.

La oración

Se arrodilló
desechando sus plegarias
por inadecuadas; vinieron
a sus labios una a una y se las tragó,
mas sin rencor.
Echó mano
de una antigua oración: enséñame
a qué rezar. Y
escuchó: tras la tormenta
de su pregunta no apareció la tenue voz
de la conciencia, solo el desfile
de fantasmas, víctimas
de antiguas mediaciones. Extendió
sus manos, ahuecándolas
para recibir la sangre que brotaba
del costado de la vida. Permanecieron
secas, como su boca. Pero
la oración tomó forma:
líbrame de la larga sequía
de la mente. Que lluevan
sobre nosotros, y nos limpien,
las hojas de la
Cruz, y que su caudalosa fuente
convierta nuestro otoño en oro.

The Son

It was your mother wanted you;
you were already half-formed
when I entered. But can I deny
the hunger, the loneliness bringing me in
from myself? And when you appeared
before me, there was no repentance
for what I had done, as there was shame
in the doing it; compassion only
for that which was too small to be called
human. The unfolding of your hands
was plant-like, your ear was the shell
I thundered in; your cries, when they came,
were those of a blind creature
trodden upon; pain not yet become grief.

El hijo

Fue tu madre quien quiso tenerte:
ya estabas medio formado
cuando yo aparecí. Pero, ¿puedo negar
el hambre, la soledad empujándome
desde mí mismo? Y cuando te tuve
frente a mí, no me arrepentí
de lo que había hecho, más sentí vergüenza
al hacerlo; compasión únicamente
de aquello demasiado pequeño para llamarse
humano. Tus manos se desplegaban
vegetales, tu oreja era la concha
en la que yo tronaba; tu llanto, cuando llegaba,
era el de una criatura ciega
a la que pisan; el dolor aún no era aflicción.

Mediations

And to one God says: Come
to me by numbers and
figures; see my beauty
in the angles between
stars, in the equations
of my kingdom. Bring
your lenses to the worship
of my dimensions: far
out and far in, there
is always more of me
in proportion. And to another:
I am the bush burning
at the centre of
your existence; you must put
your knowledge off and come
to me with your mind
bare. And to this one
he says: Because of
your high stomach, the bleakness
of your emotions, I
will come to you in the simplest
things, in the body
of a man hung on a tall
tree you have converted to
timber and you shall not know me.

Mediaciones

Y a uno Dios dice: ven
a mí en números y
figuras; contempla mi belleza
en los ángulos que forman
las estrellas, en las ecuaciones
de mi reino. Adora
con tus lentes la extensión
de cuanto soy: hacia
fuera y hacia dentro, me prolongo
siempre en la misma
medida. Y a otro:
soy la zarza que arde
en el centro de
tu existencia; olvida
cuanto sabes y ven
a mí con la mente
desnuda. Y a este
dice: por tu estómago
prominente y la tristeza
de tus emociones, vendré
a ti en las cosas
más sencillas, en el cuerpo
de un hombre colgado de un gran
árbol que has convertido en
leña, y no me conocerás.

Probing

No one would know you had lived,
but for my discovery
of the anonymous undulation
of your grave, like the early swelling
of the belly of a woman
who is with child. And if I entered
it now, I would find your bones
huddled together, but without
flesh, their ruined architecture
a reproach, the skull luminous
but not with thought.
                                        Would it help us to learn
what you were called in your forgotten
language? Are not our jaws
frail for the sustaining of the consonants'
weight? Yet they were balanced
on tongues like ours, echoed
in the ears' passages, in intervals when
the volcano was silent. How
tenderly did the woman handle
them, as she leaned her haired body
to yours? Where are the instruments
of your music, the pipe of hazel, the
bull's horn, the interpreters
of your loneliness on this
ferocious planet?
                                  We are domesticating
it slowly; but at times it rises

Exploración

Nadie sabría que habías vivido
si yo no hubiera descubierto
la anónima ondulación
de tu tumba, como la primera protuberancia
en el vientre de una mujer
preñada. Y si entrara
en ella ahora, hallaría tus huesos
apelmazados, pero sin
carne, el reproche de su arquitectura
en ruinas, el cráneo luminoso,
mas no de pensamiento.
¿Nos ayudaría saber
cómo te llamaban en tu olvidada
lengua?¿No son nuestras mandíbulas
frágiles para soportar el peso
de las consonantes? Sin embargo, las sostenían
lenguas como las nuestras y resonaban
en sus oídos, en los intervalos
en que el volcán callaba. ¿Con qué
ternura las manejaba la mujer
mientras inclinaba su cuerpo peludo
hacia el tuyo?¿Dónde están los instrumentos
de tu música, la flauta de avellano, el
cuerno de toro, los intérpretes
de tu soledad en este
feroz planeta?
Lo estamos domesticando
lentamente; pero en ocasiones se alza

against us, so that we see again
the primeval shadows you built
your fire amongst. We are cleverer
than you; our nightmares
are intellectual. But we never awaken
from the compulsiveness of the mind's
stare into the lenses' furious interiors.

contra nosotros, y volvemos a ver
las sombras primitivas donde encendías
tu fogata. Somos más listos
que tú; nuestras pesadillas
son intelectuales. Pero no despertamos nunca
del afán de la mente por mirar
en el furioso interior del cristalino.

Ann Griffith

So God spoke to her,
she the poor girl from the village
without learning. 'Play me',
he said, 'on the white keys
of your body. I have seen you dance
for the bridegrooms that were not
to be, while I waited for you
under the ripening boughs of
the myrtle. These people know me
only in the thin hymns of
the mind, in the arid sermons
and prayers. I am the live God,
nailed fast to the old tree
of a nation by its unreal
tears. I thirst, I thirst
for the spring water. Draw it up
for me from your heart's well and I will change
it to wine upon your unkissed lips'.

Ann Griffith

Así le habló Dios a ella,
a la chica pobre e ignorante
del pueblo: «Tócame,
—dijo—, en las blancas teclas
de tu cuerpo. Te he visto bailar
para los novios que acabarían
no siéndolo, mientras yo te esperaba
bajo las ramas tiernas del
mirto. Esta gente solo me conoce
en los endebles himnos de
la mente, en los áridos sermones
y oraciones. Soy el Dios vivo,
fuertemente clavado al viejo árbol
de una nación por sus falsas
lágrimas. Tengo sed, sed
del agua de la fuente. Sácala
del pozo de tu corazón y la convertiré
en vino sobre tus labios no besados».

Rough

God looked at the eagle that looked at
the wolf that watched the jack-rabbit
cropping the grass, green and curling
as God's beard. He stepped back;
it was perfect, a self-regulating machine
of blood and faeces. One thing was missing:
he skimmed off a faint reflection of himself
in sea-water; breathed air into it,
and set the red corpuscles whirling. It was not long
before the creature had the eagle, the wolf and
the jack-rabbit squealing for mercy. Only the grass
resisted. It used it to warm its imagination
by. God took a handful of small gerrns,
sowing them in the smooth flesh. It was curious,
the harvest: the limbs modelled an obscene
question, the head swelled, out of the eyes came
tears of pus. There was the sound
of thunder, the loud, uncontrollable laughter of
God, and in his side like an incurred stitch, Jesus.

Sin pulir

Dios miró al águila que miraba al
lobo que observaba a la liebre
comiendo la hierba, verde y rizada
como la barba de Dios. Dio un paso atrás;
era perfecto, una máquina autosuficiente
de sangre y heces. Faltaba una cosa:
recogió del mar un tenue reflejo
de sí mismo; le insufló aire,
y los glóbulos rojos comenzaron a girar. No tardó
la criatura en conseguir que el águila, el lobo y
la liebre implorasen piedad. Solo la hierba
resistió. Encendió con ella su imaginación.
Dios tomó un puñado de pequeños gérmenes
y los plantó en la blanda carne. Fue una curiosa
cosecha: los miembros compusieron una pregunta
obscena, la cabeza se hinchó, de los ojos salieron
lágrimas de pus. Sonó
el trueno, la fuerte e incontenible risa de
Dios, y en su costado, como una punzada culpable, Jesús.

The Annunciation by Veneziano

The messenger is winged
                                        and the girl
haloed a distance
                              between them
and between them and us
down the long path the door
through which he has not
                                        come
on his lips what all women
                         desire to hear
in his hand the flowers that
                         he has taken form her.

La Anunciación de Veneziano

El mensajero tiene alas
y la joven
un halo una distancia
entre ellos
y entre ellos y nosotros
por el largo camino a través
de la puerta por la que no ha
venido
en sus labios cuanto las mujeres
desean oír
en sus manos las flores que
le ha arrebatado.

Hill Christmas

They came over the snow to the bread's
purer snow, fumbled it in their huge
hands, put their lips to it
like beasts, stared into the dark chalice
where the wine shone, felt it sharp
on their tongue, shivered as at a sin
remembered, and heard love cry
momentarily in their hearts' manger.

They rose and went back to their poor
holdings, naked in the bleak light
of December. Their horizon contracted
to the one small, stone-riddled field
with its tree, where the weather was nailing
the appalled body that had asked to be born.

Navidad en las colinas

Vinieron por la nieve a la nieve
aún más pura del pan, lo sobaron
con sus manos enormes, acercaron sus labios
como bestias, la mirada fija en el oscuro cáliz
donde brillaba el vino, les supo acre
en la lengua, temblaron como quien recuerda
un pecado y escucharon al amor llorar
momentáneamente en el pesebre de su corazón.

Se levantaron y volvieron a sus pobres
tierras, desnudos bajo la inhóspita luz
de diciembre. Su horizonte se contrajo
al pequeño campo sembrado de piedras
y al árbol, donde la intemperie clavaba
el cuerpo horrorizado que había pedido nacer.

The combat

You have no name.
We have wrestled with you all
day, and now night approaches,
the darkness from which we emerged
seeking; and anonymous
you withdraw, leaving us nursing
our bruises, our dislocations.

For the failure of language
there is no redress. The physicists
tell us your size, the chemists
the ingredients of your
thinking. But who you are
does not appear, nor why
on the innocent marches
of vocabulary you should choose
to engage us, belabouring us
with your silence. We die, we die
with the knowledge that your resistance
is endless at the frontier of the great poem.

El combate

No tienes nombre.
Hemos luchado contigo todo
el día, y ahora se acerca la noche,
la oscuridad de la que surgimos
buscando; anónimo,
te retiras y nos dejas curando
las contusiones y huesos dislocados.

No hay remedio para el fracaso
del lenguaje. Los físicos
nos dicen cuánto mides, los químicos
los ingredientes de tu
pensamiento. Pero nadie dice
quién eres, ni por qué
habrías de abordarnos
en las inocentes marchas
de vocabulario y azotarnos
con tu silencio. Morimos, morimos
sabiendo que resistes infinitamente
en la frontera del gran poema.

Thus

Whatever you imagine
has happened. No words
are unspoken, no actions
undone: wine poisoned

in the chalice, the corpses
raped. While Isaiah's
angel hither and thither
flies with his hot coal.

Así

Cualquier cosa que imagines
ha sucedido. No hay palabra
que no haya sido dicha. No hay acción
que no haya sido realizada: el vino envenenado

en el cáliz, los cadáveres
violados. Mientras el ángel
de Isaías vuela de aquí para allá
con su carbón encendido.

Gone

There was a flower blowing
and a hand plucked it.

There was a stream flowing
and a body smirched it.

There was a pure mirror
of water and a face came

and looked in it. There were words
and wars and treaties, and feet trampled

the earth and the wheels
seared it; and an explosion

followed. There was dust
and silence; and out of the dust

a plant grew, and the dew formed
upon it; and a stream seeped

from the dew to construct
a mirror, and the mirror was empty.

Ausente

Estaba saliendo una flor
y una mano la arrancó.

Fluía un arroyo
y un cuerpo lo mancilló.

Había un espejo de agua
pura y vino un rostro

a mirarse en él. Hubo palabras
y guerras y tratados, y los pies hollaron

la tierra y las ruedas
la abrasaron; y le siguió

una explosión. Hubo polvo
y silencio; y del polvo

creció una planta, y se posó el rocío
sobre ella; y del rocío brotó

un arroyo que formó
un espejo, y el espejo estaba vacío.

The Bright Field

I have seen the sun break through
to illuminate a small field
for a while, and gone my way
and forgotten it. But that was the pearl
of great price, the one field that had
the treasure in it. I realize now
that I must give all that I have
to possess it. Life is not hurrying

on to a receding future, nor hankering after
an imagined past. It is the turning
aside like Moses to the miracle
of the lit bush, to a brightness
that seemed as transitory as your youth
once, but is the eternity that awaits you.

El prado iluminado

He visto cómo salía el sol
e iluminaba un pequeño prado
durante un rato, y he seguido mi camino
y lo he olvidado. Pero esa era la perla
de más valor, el único prado donde encontraría
el tesoro. Ahora comprendo
que debo desprenderme de todo
para poseerlo. La vida no corre

hacia un futuro que se aleja, ni anhela
un pasado imaginario. Consiste en desviarse,
como Moisés hacia el milagro
de la zarza ardiente, hacia un brillo
que parecía tan pasajero como entonces
tu juventud, pero es la eternidad que te espera.

Now

Men, who in their day
went down acknowledging
defeat, what would they say
now, where no superlatives
have meaning? What was failure
to them, our abandonment
of an ideal has turned
into high art. Could
they with foreknowledge have
been happy? Can we,
because there are levels
not yet descended to,
take comfort? Is it
sufficient for us
that we, like that minority
of our fellows in the hurrying
centuries, turning aside
re-enter the garden? What
is the serenity of art
worth without the angels
at the hot gates, whose sword
is time and our uneasy conscience?

Ahora

Los hombres que en su día,
vencidos, reconocieron
su derrota, ¿qué dirían
ahora que los superlativos
nada significan? Lo que para ellos
era fracaso, nuestro abandono
de un ideal, se ha vuelto
arte refinado. ¿Les habría
hecho feliz saberlo de
antemano?¿Puede
consolarnos que haya niveles
a los que aún nadie ha
descendido?¿Nos
basta con que,
como esa minoría
de compañeros en los siglos que
se apresuran, apartándonos del camino
regresemos al jardín?¿De qué
sirve la serenidad del
arte sin los ángeles
junto a las puertas ardiendo, cuya espada
es el tiempo y nuestra incómoda conciencia?

Llananno

I often call there.
There are no poems in it
for me. But as a gesture
of independence of the speeding
traffic I am a part
of, I stop the car,
turn down the narrow path
to the river, and enter
the church with its clear reflection
beside it.
                    There are few services
now; the screen has nothing
to hide. Face to face
with no intermediary
between me and God, and only the water's
quiet insistence on a time
older than man, I keep my eyes
open and am not dazzled,
so delicately does the light enter
my soul from the serene presence
that waits for me till I come next.

Llananno

Voy con frecuencia.
Allí no hay poemas
para mí. Pero como un gesto
de independencia hacia el tráfico
apresurado del que formo
parte, detengo el coche,
bajo por la estrecha senda
hasta el río, y entro
en la iglesia, junto a su claro
reflejo.
            Se celebran pocas misas
ahora; el cancel no tiene nada
que ocultar. Cara a cara,
sin ningún intermediario
entre yo y Dios, solo la callada
insistencia del agua en un tiempo
más antiguo que el hombre, mantengo los ojos
abiertos y no me deslumbra,
tan delicadamente entra en mi alma
la luz de la serena presencia
que espera a que yo me acerque.

Sea-watching

Grey waters, vast
as an area of prayer
that one enters. Daily
over a period of years
I have let the eye rest on them.
Was I waiting for something?
Nothing
but that continuous waving
that is without meaning
occurred.
Ah, but a rare bird is
rare. It is when one is not looking,
at times one is not there
that it comes.
You must wear your eyes out,
as others their knees.
I became the hermit
of the rocks, habited with the wind
and the mist. There were days,
so beautiful the emptiness
it might have filled,
its absence
was as its presence; not to be told
any more, so single my mind
after its long fast,
my watching from praying.

Contemplando el mar

Aguas grises, vastas
            como quien entra
en un lugar de oración. Todos los días
            durante años
han descansado mis ojos en ellas.
¿Esperaba algo?
                        Nada
sucedió, salvo el continuo
            oleaje que nada
significa.
            Sí, pero las aves raras
son raras. Vienen cuando no miramos,
en momentos en que
                        no estamos allí.
Tienes que dejarte los ojos,
como otros las rodillas.
            Me convertí en eremita
de las rocas, arropado de viento
y bruma. Hubo días en que
—tan hermoso el vacío
que hubiese podido llenar—
                        su ausencia
era como su presencia; no distinguía
ya, tan despojada mi mente
tras su largo ayuno,
                        la contemplación de la plegaria.

Good

The old man comes out on the hill
and looks down to recall earlier days
in the valley. He sees the stream shine,
the church stand, hears the litter of
children's voices. A chill in the flesh
tells him that death is not far off
now: it is the shadow under the great boughs
of life. His garden has herbs growing.
The kestrel goes by with fresh prey
in its claws. The wind scatters the scent
of wild beans. The tractor operates
on the earth's body. His grandson is there
ploughing; his young wife fetches him
cakes and tea and a dark smile. It is well.

Bien

El viejo aparece en la colina
y observa el valle. Recuerda otros
tiempos. Ve el arroyo que brilla,
la iglesia, oye las desordenadas
voces de los niños. Un escalofrío
le dice que la muerte no está lejos
ahora: es la sombra bajo las grandes ramas
de la vida. En su jardín crecen plantas aromáticas.
El cernícalo pasa con una presa reciente
en sus garras. El viento esparce el aroma
de las judías silvestres. El tractor trabaja
sobre el cuerpo de la tierra. Ahí está su nieto
arando; su joven esposa le lleva
pasteles y té y una oscura sonrisa. Todo está bien.

Frequencies (1978)

Shadows

I close my eyes.
The darkness implies your presence,
the shadow of your steep mind
on my world. I shiver in it.
It is not your light that
can blind us; it is the splendour
of your darkness.
                                        And so I listen
instead and hear the language
of silence, the sentence
without an end. Is it I, then,
who am being addressed? A God's words
are for their own sake; we hear
at our peril. Many of us have gone
mad in the mastering
of your medium.
                                        I will open
my eyes on a world where the problems
remain but our doctrines
protect us. The shadow of the bent cross
is warmer than yours. I see how the sinners
of history run in and out
at its dark doors and are not confounded.

Frequencies (1978)

Sombras

Cierro los ojos.
La oscuridad implica tu presencia,
la sombra de tu escarpada mente
sobre mi mundo me hace temblar.
No es tu luz la que
nos ciega; es el esplendor
de tu oscuridad.
                                        Y, por eso, ahora
escucho y oigo el lenguaje
del silencio, la frase
sin final. ¿Es a mí, pues,
a quien te diriges? Las palabras de un Dios
no tienen por qué; escuchamos
a nuestro propio riesgo. Muchos han
enloquecido tratando de dominar
tus modos.
                                Abriré
mis ojos a un mundo donde los problemas
persisten, pero nuestras doctrinas
nos protegen. La sombra de la cruz inclinada
es más cálida que tu sombra. Veo cómo los pecadores
de la historia entran y salen
por sus oscuras puertas y no son condenados.

Waiting

Face to face? Ah, no
God; such language falsifies
the relation. Nor side by side,
nor near you, nor anywhere
in time and space.
                              Say you were,
when I came, your name
vouching for you, ubiquitous
in its explanations. The
earth bore and they reaped:
God, they said, looking
in your direction. The wind
changed; over the drowned
body it was you
they spat at.
                    Young
I pronounced you. Older
I still do, but seldomer
now, leaning far out
over an immense depth, letting
your name go and waiting,
somewhere between faith and doubt,
for the echoes of its arrival.

La espera

¿Cara a cara? Ah, no,
Dios; no es la expresión
adecuada. Ni el uno junto al otro,
ni cerca de ti, ni en lugar alguno
del tiempo y del espacio.
                                        Digamos que estabas
cuando yo llegué y que tu nombre,
ubicuo en sus explicaciones,
respondía por ti. La tierra
daba fruto y ellos cosechaban:
Dios, dijeron, mirando
hacia ti. Cambió
el viento; sobre el cuerpo
del ahogado, fue a ti
a quien escupieron.
                                De joven
te pronuncié. Más viejo
sigo haciéndolo, pero ya
no tanto. Me inclino
sobre un inmenso abismo y dejo
caer tu nombre: espero,
en un lugar impreciso entre la fe y la duda,
el eco de su llegada.

The White Tiger

It was beautiful as God
must be beautiful; glacial
eyes that had looked on
violence and come to terms

with it; a body too huge
and majestic for the cage in which
it had been put; up
and down in the shadow

of its own bulk it went,
lifting, as it turned,
the crumpled flower of its face
to look into my own

face without seeing me. It
was the colour of the moonlight
on snow and as quiet
as moonlight, but breathing

as you can imagine that
God breathes within the confines
of our definition of him, agonising
over immensities that will not return.

El tigre blanco

Era bello como debe serlo
Dios; ojos glaciales
que habían contemplado
la violencia y se habían reconciliado

con ella; un cuerpo demasiado grande
y majestuoso para la jaula donde
lo habían metido; arriba
y abajo, recorría la sombra

de su propia corpulencia,
alzando, al girar,
la flor arrugada de su rostro
para mirar en el interior de mi propio

rostro sin verme. Era
del color de la luz de la luna
sobre la nieve y tan silencioso
como la luz de la luna, pero respiraba

como uno imagina que
respira Dios dentro de los confines
de nuestra definición de él, atormentado
por inmensidades que no volverán.

Balance

No piracy, but there is a plank
to walk over seventy thousand fathoms,
as Kierkegaard would say, and far out
from the land. I have abandoned
my theories, the easier certainties
of belief. There are no handrails to
grasp. I stand and on either side
there is the haggard gallery
of the dead, those who in their day
walked here and fell. Above and
beyond there is the galaxies'
violence, the meaningless wastage
of force, the chaos the blond
hero's leap over my head
brings him nearer to.
                                        Is there a place
here for the spirit? Is there time
on this brief platform for anything
other than mind's failure to explain itself?

Equilibrio

No hay piratas, pero hay una tabla
en alta mar, tendida sobre setenta mil
brazas, como diría Kierkegaard.
He abandonado las teorías,
las fáciles convicciones
del que cree. No hay barandillas
a las que sujetarse. A ambos lados,
la ojerosa galería
de los muertos, los que en su día
caminaron por ella y cayeron. Allá
arriba está la violencia
de las galaxias, el inútil desperdicio
de energía, el caos al que el rubio
héroe se acerca de un salto
por encima de mi cabeza.
¿Hay lugar
aquí para el espíritu?¿Hay tiempo
en esta estrecha plataforma para algo
que no sea el fracaso de la mente por comprenderse a sí misma?

Between Here And Now (1981)

Cézanne. The Card Players

And neither of them has said:
        Your lead.
                An absence of trumps
will arrest movement.

        Knees almost touching,
        hands almost touching,
                they are far away
in time in a world
                of equations.

                The pipe without
        smoke, the empty
        bottle, the light
on the wall are the clock
        they go by.
                Only their minds
                lazily as flies
                        drift
round and round the inane
problem their boredom
                has led them to pose.

Between Here And Now (1981)

Cézanne. Los jugadores de cartas

Y ninguno de ellos ha dicho:
        eres mano.
                A falta de triunfos
no hay juego.

        Las rodillas casi se tocan,
        las manos casi se tocan,
                se hallan lejos
en el tiempo, en un mundo
                de ecuaciones.

                La pipa sin
        humo, la botella
        vacía, la luz
en la pared son el reloj
        que les guía.
                Solo sus mentes
                perezosas como moscas
                        giran
alrededor del fatuo
problema que su tedio
                les plantea.

Gauguin. Breton Village in the Snow

This is the village
to which the lost traveller
came, searching for his first spring,
and found, lying asleep
in the young snow, how cold
was its blossom.
The trees
are of iron, but nothing
is forged on them. The tower
is a finger pointing
up, but at whom?
If prayers
are said here, they are
for a hand to roll
back this white quilt
and uncover the bed
where the earth is asleep
too, but nearer awaiking.

Gauguin. Pueblo bretón bajo la nieve

Este es el pueblo
          adonde llegó el viajero
perdido, buscando su primera primavera,
          y descubrió, dormidas
bajo la nieve virgen, lo frías que
          eran sus flores.
                              Los árboles
son de hierro, pero nada
          ha sido forjado en ellos. La torre
es un dedo que apunta hacia
          arriba, pero ¿hacia quién?
                                        Si alguien
aquí reza, es para
          que una mano retire
este blanco edredón
          y descubra la cama
donde la tierra también duerme,
          pero más cerca del despertar.

Waiting

Yeats said that. Young
I delighted in it:
there was time enough.

Fingers burned, heart
seared, a bad taste
in the mouth, I read him

again, but without trust
any more. What counsel
has the pen's rhetoric

to impart? Break mirrors, stare
ghosts in the face, try
walking without crutches

at the grave's edge? Now
in the small hours
of belief the one eloquence

to master is that
of the bowed head, the bent
knee, waiting, as at the end

of a hard winter
for one flower to open
on the mind's tree of thorns.

Esperando

Lo dijo Yeats. De joven
me deleitaba en ello:
había tiempo suficiente.

Los dedos quemados, el corazón
abrasado, un mal sabor
en la boca, lo leí

de nuevo, pero sin confianza.
¿Qué consejo puede darnos
la retórica de la pluma?

¿Romper espejos, mirar
a los fantasmas a la cara, tratar
de andar sin muletas

al borde de la tumba? Ahora,
en el amanecer de la
fe, la única elocuencia

que hay que dominar es la
de la cabeza inclinada, la rodilla
doblada, esperando, como al final

de un duro invierno,
a que se abra una flor
en el árbol de espinas de la mente.

Bent

Heads bowed
          over the entrails,
over the manuscript, the
block, over the rows
                    of swedes.

Do they never look up?
          Why should one think
that to be on one's knees
          is to pray?
The aim is to walk tall
                    in the sun.
Did the weight of the jaw
          bend their backs,
keeping their vision
          below the horizon?

Two million years
in straightening them
          out, and they are still bent
over the charts, the instruments,
                    the drawing-board,
the mathematic al navel
          that is the wink of God.

Encorvados

La cabeza inclinada
sobre las entrañas,
sobre el manuscrito, sobre el
bloque, sobre las hileras
de nabos.

¿No levantan nunca la vista?
¿Qué les hace pensar
que arrodillarse
es rezar?
Se trata de andar erguidos
al sol.
¿Fue el peso de la mandíbula
lo que encorvó sus espaldas
y mantuvo su visión
por debajo de la línea del horizonte?

Tardaron dos millones de años
en enderezarlas,
pero siguen encorvados
sobre los mapas, los instrumentos,
la mesa de dibujo,
el ombligo matemático
que es el guiño de Dios.

Later Poems (1983)

Measure for Measure

In every corner
          of the dark triangle
sex spins its web; the characters
are ensnared; virtue
is its own undoing, lust posing
          as love. Life's innocent
need of itself is the prime sin.

And no one able to explain why
at the margins of her habit
the fifteenth phase of the flesh
          so mercilessly dazzles.

Later Poems (1983)

Medida por medida

En todas las esquinas
del oscuro triángulo
el sexo teje su red: los personajes
caen en la trampa, la virtud
en su propia ruina, la lujuria se hace pasar
por amor. La necesidad inocente
que la vida tiene de sí misma es la flor del pecado.

Y nadie puede explicar por qué,
en los márgenes de su hábito,
en su decimoquinta fase, la carne
nos deslumbra sin piedad.

The Bush

I know that bush,
Moses; there are many of them
in Wales in the autumn, braziers
where the imagination
warms itself. I have put off
pride and, knowing the ground
holy, lingered to wonder
how it is that I do not burn
and yet am consumed.

And in this country
of failure, the rain
falling out of a black
cloud in gold pieces there
are none to gather,
I have thought often
of the fountain of my people
that played beautifully here
once in the sun's light
like a tree undressing.

La zarza

Conozco esa zarza,
Moisés; en Gales, en otoño,
hay muchas como ella, braseros
donde se caldea
mi imaginación. He renunciado
al orgullo y, sabiendo que es tierra
sagrada, me he quedado pensando
cómo puede ser que yo no arda
y, sin embargo, me consuma.

Y en este país
de fracasos, donde
de una negra nube
caen monedas de oro sin
que haya nadie para recogerlas,
he pensado a menudo
en la fuente de mi pueblo,
que antaño jugaba aquí
maravillosamente a la luz del sol
como un árbol que se desnuda.

The Moment

Is the night dark? His interiors
are darker, more perilous
to enter. Are there whispers
abroad? They are the communing

with himself our destiny
is to be outside of, listeners
at our breath's window. Is there
an ingredient in him of unlove?

It is the moment in the mind's
garden he resigns himself
to his own will to conceive the tree
of manhood we have reared against him.

El momento

¿Es oscura la noche? Su interior
es aún más oscuro, más
peligroso. ¿Llegan susurros
desde fuera? Son la comunión

consigo mismo de la que siempre estaremos
excluidos, mientras escuchamos
desde la ventana de nuestro aliento. ¿Hay
en él un ingrediente de desamor?

Es el momento en el jardín
de la mente en el que se resigna
a su propia voluntad de concebir el árbol
de la humanidad que hemos alzado contra él.

Destinations (1985)

The Unvanquished

And courage shall give way
to despair and despair
to suffering, and suffering
shall end in death. Buy you
who are not free to choose
what you suffer can choose
your response. Farmers I
knew, born to the ills
of their kind, scrubbed bare
by the weather, suffocating
with phlegm; all their means gone
to buy their consumptive son
the profession his body
could not sustain. Proudly
they lived, watching the spirit,
diamond-faceted, crumble
to the small, hard, round, dry
stone that humanity
chokes on. When they died, it
was bravely, close up under the rain-hammered
rafters, never complaining.

Destinations (1985)

Los invictos

El valor dará paso
a la desesperación y la desesperación
al sufrimiento, y el sufrimiento
acabará en la muerte. Pero tú,
que no eres libre de elegir
tu sufrimiento, puedes elegir
tu respuesta. He conocido
granjeros, nacidos a los males
de su especie, desgastados
a la intemperie, que se ahogaban
en sus propias flemas; habían gastado cuanto
tenían para comprar a su hijo tísico
la profesión que su cuerpo
no podía soportar. Vivían
con orgullo, contemplando cómo el espíritu,
labrado en diamante, se deshacía
en la pequeña piedra seca, dura
y redonda con la que se ahoga
la humanidad. Morían con
valor, bajo el martilleo de la lluvia
sobre el tejado, sin una sola queja.

Experimenting with an Amen (1986)

Testimonies

The first stood up and testified to Christ:
I was made in the image of man; he unmanned me.

The second stood up: He appeared to me
in church in a stained window. I saw through him.

The third: Patient of love, I went
to him with my infirmity, and was not cured.

The fourth stood up, with between his thighs
a sword. 'He came not to bring peace' he said.

The fifth, child of his time, wasted his time
asking eternity: 'Who is my father and mother?'

So all twelve spoke, parodies of the disciples
on their way to those bone thrones from which they
would judge others.

Experimenting with an Amen (1986)

Testimonios

Se levantó el primero y dio testimonio ante Cristo:
fui hecho a imagen del hombre; él me deshumanizó.

Se levantó el segundo: se me apareció
en la vidriera de la iglesia, y vi a través de él.

El tercero: fui a él enfermo
de amor, y no fui sanado.

Se levantó el cuarto con, entre sus muslos,
una espada. «No vino a traeros la paz», dijo.

El quinto, hijo de su tiempo, malgastó su tiempo
preguntando a la eternidad: «¿Quiénes son mi padre y mi madre?».

De este modo hablaron los doce, parodias de los discípulos,
de camino a esos tronos de hueso desde donde
          juzgarían a otros.

Gift

Some ask the world
        and are diminished
in the receiving
        of it. You gave me

only this small pool
        that the more I drink
from, the more overflows
        me with sourceless light.

Regalo

Hay quien pide el mundo
y al recibirlo
empequeñece. A mí
me diste solo

esta pequeña charca
y, cuanto más bebo
de ella, más rebosa
en mí su luz sin fuente.

Questions

She should put off modesty
with her shift. Who said that?
Should one, then, put off belief
with one's collar? The girl enters
the bed, enters the man's
arms to be clasped between sheets
against the un-love that is all around.

The priest lies down alone
face to face with the darkness
that is nothing from which nothing
comes. 'Love' he protests, 'love'
in spiritual copulation
with a non-body, hearing the echoes
dying away, languishing under the owl's curse.

What is a bed for? Is there no repose
in the small hours? No proofing of sleep's
stuff against the fretting of stars, thoughts?
Tell me, then, after the night's toil
of loving or praying, is there nothing
to do but to rise tired and be made
away with, yawning, into the day's dream?

Preguntas

Ella debería perder el pudor
con el vestido. ¿Quién lo dice?
¿Debería uno, entonces, perder la fe
con el alzacuello? La chica se mete
en la cama, entre los brazos
del hombre que la abraza bajo las sábanas
contra el desamor que les rodea.

El cura yace solo,
cara a cara frente a la oscuridad,
que es la nada de la que nada
viene. «Amor —protesta—, amor»,
copulando espiritualmente
con un no-cuerpo, oyendo los ecos
que se apagan y consumiéndose
bajo la maldición de la lechuza.

¿Para qué sirve una cama?¿No hay descanso
tras la medianoche?¿No es la materia del sueño impermeable
a la agitación de las estrellas, a los pensamientos?
Dime, pues, tras el trabajo nocturno
de amar o de orar, ¿no hay nada que podamos
hacer sino, con un bostezo, cansados,
desaparecer soñando despiertos?

Looking Glass

There is a game I play
with a mirror, approaching
it when I am not there,
as though to take by surprise

the self that is my familiar. It
is in vain. Like one eternally
in ambush, fast or slow
as I may raise my head, it raises

its own, catching me in the act,
disarming me by acquaintance,
looking full into my face as often
as I try looking at it askance.

Espejo

A veces juego
con el espejo. Me acerco
cuando no estoy en él,
como para sorprender

al yo que me acompaña. Pero
es inútil. Parece eternamente
emboscado y, por muy rápido o despacio
que levante la cabeza, levanta él

la suya y me sorprende en el acto.
Me desarma la familiaridad
con que me mira a los ojos cada vez
que intento mirarle de soslayo.

Moorland

It is beautiful and still;
                    the air rarefied
as the interior of a cathedral

expecting a presence. It is where, also,
                    the harrier occurs,
materialising from nothing, snow-

soft, buy with claws of fire,
                    quartering the bare earth
for the prey that escapes it;

hovering over the incipient
                    scream, here a moment, then
not here, like my belief in God.

El páramo

Es hermoso y apacible:
                    el aire enrarecido
como el interior de una catedral

que aguarda una presencia. Ahí también
                    aparece el aguilucho,
surge de la nada, blando

como la nieve, pero con garras de fuego,
                    que descuartizan la tierra desnuda
mientras huye su presa;

se cierne sobre el incipiente
                    grito —ahora aquí, ahora
ya no—, como mi fe en Dios.

Mass for Hard Times (1992)

A Marriage

We met
        under a shower
of bird-notes.
        Fifty years passed,
love's moment
        in a world in
servitude to time.
        She was young;
I kissed with my eyes
        closed and opened
them on her wrinkles.
        'Come', said death,
choosing her as his
        partner for
the last dance. And she,
        who in life
had done everything
        with a bird's grace,
opened her bill now
        for the shedding
of one sigh no
        heavier than a feather.

Mass for Hard Times (1992)

Un matrimonio

Nos conocimos
bajo una lluvia
de trinos.
Pasaron cincuenta años,
el instante del amor
en un mundo al
servicio del tiempo.
Era joven;
la besé con los ojos
cerrados y los abrí
sobre sus arrugas.
«Ven», dijo la muerte,
y la escogió
para su último
baile. Y ella,
que en vida
todo lo había hecho
con la gracia de un ave,
abrió ahora su pico
para exhalar
un suspiro más
ligero que una pluma.

No Truce for the Furies (1995)

Geriatric

What god is proud
        of this garden
of dead flowers, this underwater
        grotto of humanity,
where limbs wave in invisible
        currents, faces drooping
on dry stalks, voices clawing
        in a last desperate effort
to retain hold? Despite withered
        petals, I recognise
the species: Charcot, Ménière,
        Alzheimer. There are no gardeners
here, caretakers only
        of reason overgrown
by confusion. This body once,
        when it was in bud,
opened to love's kisses. These eyes,
        cloudy with rheum,
were clear pebbles that love's rivulet
        hurried over. Is this
the best Rabbi Ben Ezra
        promised? I come away
comforting myself, as I can,
        that there is another

No Truce for the Furies (1995)

Geriátrico

¿Qué dios está orgulloso
        de este jardín
de flores muertas, de esta gruta
        submarina de humanidad,
donde los miembros se agitan en invisibles
        corrientes, caras marchitas
sobre tallos secos, voces que se agarran
        en un último, desesperado intento
por no soltar presa? A pesar de los pétalos
        secos, distingo
las especies: Charcot, Ménière,
        Alzheimer. Aquí no hay
jardineros, solo vigilantes
        de la razón invadida
de confusión. Hubo un día en que
        este cuerpo, entonces solo un brote,
se abrió a los besos del amor. Esos ojos,
        cubiertos de legañas,
eran tersos guijarros en
        el riachuelo del amor. ¿Es esto
lo que nos prometió
        Abraham Ibn Ezra? Al salir
me consuelo como puedo:
        hay otro jardín

garden, all dew and fragrance,
        and that these are the brambles
about it we are caught in,
        a sacrifice prepared
by a torn god to a love fiercer
        than we can understand.

de rocíos y fragancias
y hemos quedado atrapados
entre las zarzas que lo rodean,
un sacrificio dispuesto por un dios
atormentado en aras de un amor más fiero
de lo que podemos comprender.

Island

I would still go there
if only to await
the once-in-a-lifetime
opening of truth's flower;

if only to escape
such bought freedom, and live,
prisoner of the keyless sea,
on the mind's bread and water.

Isla

Aún iría allí, aunque solo fuese
a esperar a que se abra,
por única vez en la vida,
la flor de la verdad;

aunque solo fuese para huir
de esta libertad comprada y vivir,
prisionero del mar sin clave,
del pan y agua de la mente.

Residues (2002)

Together

All my life
I was face to face
with her, at meal-times,
by the fire, even
in the ultimate intimacies
of the bed. You could have asked,
then, for information
about her? There was a room
apart she kept herself in,
teasing me by leading me
to its glass door, only
to confront me with
my reflection. I learned from her
even so. Walking her shore
I found things cast up
from her depths that spoke
to me of another order,
worshipper as I was
of untamed nature. She fetched
her treasures form art's
storehouse: pieces of old
lace, delicate as frost;
china from a forgotten
period; a purse more valuable

Residues (2002)

Juntos

Toda la vida
con ella, cara a cara,
a la hora de comer,
junto al fuego, incluso
en la extrema intimidad
del lecho. ¿Podrías haber preguntado
entonces sobre ella? Se retiraba
a su habitación y me atraía
hasta la puerta de cristal, donde
solo hallaba mi
reflejo. Incluso así
aprendí de ella. Mientras caminaba
por su orilla encontraba objetos
que arrojaba desde su interior y
que me hablaban de otro orden,
a mí que adoraba
la naturaleza indomable.
Recogía sus tesoros en el almacén
del arte: restos de antiguos
lazos, delicados como la escarcha;
porcelana de épocas
olvidadas; un monedero más valioso
de lo que pudiese contener.
Al volver de los campos

than anything it could contain.
Coming in from the fields
with my offering of flowers
I found her garden
had forestalled me in providing
civilities for my desk.
'Tell me about life',
I would say, 'you who were
its messenger in the delivery
of our child'. Her eyes had a
fine shame, remembering her privacy
being invaded from further off than
she expected. 'Do you think
death is the end'? frivolously
I would ask her. I recall
now the swiftness of its arrival
wrenching her lip down, and how
the upper remained firm,
reticent as the bud that is
the precursor of the flower.

con mi ofrenda de flores
vi que su jardín
se me había anticipado poniendo
un gesto de cortesía sobre mi mesa.
«Háblame de tu vida
—le decía—, tú que fuiste
su mensajera en el parto
de nuestro hijo.» En sus ojos
brilló la vergüenza al recordar su intimidad
invadida más allá de lo que
esperaba. «¿Crees
que la muerte es el final?», le preguntaba
con frivolidad. Recuerdo
ahora la premura con que, al llegar,
hizo caer su labio inferior, mientras
que el de arriba permanecía firme,
reticente como el capullo que
precede a la flor.

Comparisons

To all light things
I compared her; to
a snowflake, a feather.

I remember she rested
at the dance on my
arm, as a bird

on its nest lest
the eggs break, lest
she lean too heavily

on our love. Snow
melts, feathers
are blown away;

I have let
her ashes down
in me like an anchor.

Comparaciones

La comparé a todo
lo que es ligero: a un
copo de nieve, a una pluma.

Recuerdo que, mientras
bailábamos, descansaba
sobre mi brazo, como un pájaro

en el nido con miedo
a romper los huevos, con miedo
a apoyarse demasiado

sobre nuestro amor. Se funde
la nieve, el viento
se lleva las plumas;

he dejado caer
sus cenizas en mí
como un ancla.